SOÑANDO JUNTOS

Poemas

Soñando Juntos

Poemas

SCRIPTA NOSTRA

ISBN:9798637691197
Sello: Independently published

Compartiendo sueños

Soñando juntos

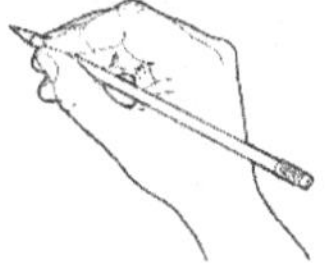

*Gracias a todos los autores
que han hecho posible este sueño.*

*Gracias a todos los lectores,
pues sin ellos,
nunca se vería recompensado el esfuerzo
y la ilusión
que ponemos en nuestros proyectos.*

Índice

El siguiente libro pertenece a la colección,

"Soñando Juntos",

del grupo literario Scripta Nostra.

Los libros de esta colección contienen

los relatos, poemas,

y microrrelatos de diferentes géneros;

de los escritores ganadores en sus respectivos

concursos convocados por:

Scripta Nostra.

Poemas seleccionados del concurso literario Scripta Nostra.

AUTORA GANADORA

Karmen R.C

AUTORES FINALISTAS

Fidel Alcántara Lévano

Dalia Ferry

Salvador Navarro

Jesús María Villar Pavón

Encarnación Caballero

Poema
Ganador

Estaciones melancólicas

Karmen R.C

Será porque yo he nacido

en un mes donde la flor

soberbia va descargando

su colorido esplendor

al tiempo que su dulce aroma

me hace sentir su pasión,

será por eso que siento

como me invade el amor.

Tras el calor del verano

donde la luz todo invade,

donde los senderos lucen

apetecibles andares,

me invade la melancolía

del otoño con su brisa

donde las horas menguantes

me acongojan la sonrisa.

Majestuoso el invierno

con la escarcha de su manto

me envuelve con su mirada

haciendo mis días grises

tristes y desangelados

robándome la alegría

y la sonrisa de antaño.

Será porque yo he nacido

en el mes de los colores,

del aroma de las flores,

donde el sol cálidamente

mi rostro va acariciando,

será que si no lo tengo

mi alma ensombrece el canto

del rumor de la mañana

y el esplendor de los campos,

sintiendo como mi calma

se hace amiga de la noche

y su sereno abrazo.

Poemas
Finalistas

Estaciones del año

Fidel Alcántara Lévano

¡QUE HAYA FE EN EL SOBERANO!

En países del planeta
se distinguen estaciones
y en el clima hay variaciones
que la población respeta
al gran cambio se sujeta.

Dejando el short por el terno
o con el abrigo alterno
busca la comodidad,
generando la amistad.

DESDE EL OTOÑO AL INVIERNO

Hay instantes de alegría
si la campiña florece
y el afecto se engrandece
derrochándose ambrosía.

Se da al espacio valía
y su horizonte galano
es creativo el hermano
de un afán inspirador,
y socializa candor.

DE PRIMAVERA AL VERANO

De acuerdo a la geografía
y la presencia del sol
todo ser cumple su rol
entre lazos de armonía.

Del buen tiempo no se fía
y al ser periodo moderno
anuncia el control externo.

El ambiente que perdura,
acatando a la natura.

EN ARAS DE ALBOR FRATERNO

Hay las épocas del frío
temporadas de calor
y al explayarse el furor
no es víctima de hastío
en el periodo de estío.

Se haya frescura en el llano
o es el agua en primer plano

Que da las satisfacciones,
por eso en realizaciones.

¡QUE HAYA FE EN EL SOBERANO!

Hay de todo en nuestro mundo
agua, tierra, fuego y aire
y el que no le da desaire
goza del orbe fecundo
más no falta el iracundo
que hace guerra en su heredad
contamina sin piedad
o explota por ser potencia,
más si acaba la inconsciencia.

HUBIERA FELICIDAD

Al cuidar el medio ambiente
unificando fronteras
sin límites ni barreras
se forje única fuente.

Tras una mundial vertiente
se comparta la bondad
y ajeno a la mezquindad
mutuas sean innovaciones,
y se unan los corazones.

¡EN BIEN DE LA HUMANIDAD!

La tentación que no quiso morder la manzana

Dalia Ferry

No soy de aquí y menos de allá

y aunque parezca raro

también carezco de identidad

ni por tener no tengo

ni un simple amor

que me espere en casa

como el príncipe encantador.

Soy tan solo una pequeña flor

que nace en primavera

y con el frío del invierno

se apaga y termina

por morir

dejando un rastro húmedo y seco

de hojas que caen

mientras el otoño

anda silenciosamente a nuestro alrededor

despidiendo con su joven y sereno aleteo

al fogoso y luminoso

verano.

La primera en llegar tras decir adiós al frío

es la floreada y tibia primavera

que llena de estornudos

hasta la nevera

polen circula por las calles

dejando a su paso

la temida alergia

que a más de uno

le quita hasta la sinergia.

Dicen que es la estación del amor

y que altera el corazón

con una energía especial

que en ocasiones parece

llegada de una estación espacial

todo parece

y no hay nada de gravedad

porque no hay que negar

que el amor te hace volar

y te llena de felicidad.

Verano, cálido y deseado
fiesta con aroma a agua salada
donde el mar
pasa y pasa sin parar
en ocasiones con algo de marejada
y en otras en calma total.

Me siento sola en la arena

viendo como pasa

lentamente mi vida

delante de mí

sin detenerse tan siquiera

a mirar

a sentir

o a vivir

las experiencias que por necia

deje pasar

tan lejos

como ahora están

las olas de mar.

Otoño e invierno
estaciones para reflexionar
meditar
sobre la vida que hemos vivido
y todo aquello que hemos dejado atrás.

Desde la ventana

veo como caen las hojas

y como se hielan lentamente

los ríos y lagos

que alcanzo a ver

desde mi pequeño mundo

que hoy es simplemente

lo que hay a mi alrededor.

Yo

simple poeta

sin ganancias

y con muchas ganas de escribir

siento lo que tú sientes

veo lo que tú no ves

disfruto en silencio

de cada hoja que cae

de cada ola del mar

de cada flor y su gota de rocío

y del hielo que sin razón

se forma cada día en tu corazón.

Cuando niegas que me ves

cuando niegas que me amas

o cuando simplemente crees

que por no morder la manzana

que crece furtiva en la montaña

dejas de sucumbir

a eso que tú llamas

tentación

y yo quiero llamar amor…

Recorriendo las estaciones

Salvador Navarro

Sopla con intensidad,

me esfuerzo e intento caminar,

pero no consigo avanzar,

me retiene de una forma descomunal.

El cielo se torna gris

invitando a la lluvia a asistir,

los rayos la acompañan,

los truenos estallan,

la fiesta de la tormenta

ya ha llegado y nos enfrentan.

Surge el pánico
¿cuándo acabará?
fenómenos en abanico
no parecen tener final.

Pero la estación
de la destrucción
abandona la batalla dejando aparecer
la vida al amanecer.

Alegría y frescura nos rodeó,

vidas nuevas surgieron,

la juventud nos invadió

recuperando la felicidad que perdieron.

Las plantas consiguieron florecer

portando diversidad de aromas y colores,

su polen dejaron coger

para multiplicarse sin padecer.

Esta batalla es más fácil de llevar,

no queremos que acabe

la tranquilidad y el bienestar

que nos trae.

Pero con esta estación

no podemos hacer una excepción,

debemos dejarla marchar

para la siguiente batalla poder lidiar.

Abrimos la puerta al estío,

la luz y el calor vienen con él,

tiempo de descanso y diversión

disfrutándolo con pasión.

El mar está calmado,

nos movemos por él sin naufragar,

tiempo para disfrutar

que el estío nos ha de regalar.

Despojados de la ropa sin pudor,

sobra por estupor,

tostando la piel

y exponiéndonos ante él.

Tiempo de salir,

nadie quiere entrar,

del interior quieren huir

y en el exterior estar.

Se acaba, finaliza
se lleva la sonrisa.

Acaba de llegar
y todo comienza a marchitar,
adiós a la luz y al calor
cambiando de color.

Comienzan las caídas,
hay que curar las heridas,
todo tiene su final
y aunque lo vemos venir,
debemos seguir.

Es ley de vida,

la recorremos sin medida

sabiendo que pasará

y no cuándo ocurrirá.

Adiós a la vida con inquietud

esperando la llegada de la decadencia,

despidiendo a la juventud

y aceptando la vejez que nos encadena.

Poema de otoño

Jesús María Villar Pavón

Ya termina septiembre, y el otoño
llega con más empuje que otros años.

Así yo lo presiento, porque el viento
sopla con mucha fuerza en mis recuerdos.

Y sopla de tal modo que parece,
desear arrancarme las hermosas
palabras prometidas por tus labios
en la barca, embarrancada, nuestra barca.

¡La playa tan vacía...!
¡La mar tan triste...!

Mi corazón, lo mismo que la playa

aquí anda, solitario,

y algunas gaviotas a lo lejos,

sin cesar, graznan.

Mientras pienso, mezclando estoy arena

con lágrimas y con melancolía.

Haciendo un castillito, como un niño,

estoy

matando el tiempo.

Ese tiempo que ayer lo disfrutaba
en cariño y compaña,
ese tiempo que ayer era mi amigo
y hoy me destroza el alma.
Por eso, yo lo mato si él me mata.

Ahora solo me queda la nostalgia
tengo que regresar, volver a casa.
Aquí no pinto nada, ya te has ido.

Te olvidaré a lo largo del otoño
mientras piso las hojas que tristemente caen
de los árboles tristes
en mi triste ciudad.

Gotas caen

Encarnación Caballero

Mirar al cielo,

sentir su llanto

que recorre el rostro

formando un velo.

No dejan de caer

dando ritmo al corazón

uniéndose para crecer

y creando una canción

que abandona a la razón.

Delirios de tristeza
que se esconden en la oscuridad
uniéndose con firmeza
a la ausencia de libertad.

La lluvia cesó
apagando la canción
y marchándose sin razón,
igual que empezó.

Poemas
Seleccionados

Tiempo de callar

Diana Sierra

La niebla abraza a la oscuridad,

poca compañía nos hace la luz solar

castigándonos con frío y humedad,

dificultando el despertar.

La tristeza nos invade,

la desidia nos quiere poseer,

nada queremos hacer,

vamos a perecer.

El temor a enfermar,

el instinto de supervivencia despertará

ayudándonos a caminar

con fuerza para afrontar.

Los pájaros se esconden

dejando de cantar,

los bailes se suspenden

porque no hay música para bailar.

Las flores han perdido su olor,

pequeñas y ocultas en su interior

sin atreverse a mostrar

su máximo esplendor

y esperando a la próxima estación.

En el mar no podremos nadar,

su agua alborotada está

con olas gigantes

que nos quieren atrapar

y llevarnos al fondo

de donde no podremos escapar.

La lluvia también vendrá

y una buena limpieza hará,

bichos y contaminación eliminará

llevándose la suciedad.

El aire se enojará

cogiendo fuerza para girar

y un gran remolino creará

que todo a su paso se llevará.

Qué difícil es mostrar alegría

presenciando tanto horror,

pero cargados de valentía

esperaremos a la próxima estación,

dándole la bienvenida.

Eres necesaria, triste estación,

para preparar la canción

de la primavera que te relevará

con ilusión.

Hojas de otoño

Diana Sierra

Debilitándose están,
aferrándose sin piedad.

Mientras se puedan agarrar,
su vida alargarán.

No tardará en llegar el viento
que con su fuerza las golpeará
y cuando ya no puedan aguantar,
él las soltará.

Descenderán hacia su final,

querrán sobrevivir,

pero no se lo podrán permitir

y su vida terminará.

Lejos quedó

quien la mano les tendió.

Nada se puede hacer,
solo dejarlas desaparecer.

Cuando vuelva su estación,
otras llegarán
con la misma ilusión
y el mismo final

Acaba el invierno

Jesús María Villar Pavón

Acaba invierno, acaba
que no veo gorriones
saltando en mi ventana.

Acaba invierno, acaba
que se han muerto mis flores...
¿Culpable...? Tu nevada.

Acaba invierno, acaba
que ya no hay girasoles
danzando en la mañana.

Acaba invierno, acaba.
Me queda poca leña
y es fría la madrugada.

Acaba invierno, acaba…

Que a las niñas bonitas
nunca les veo la cara.

La playa en abril
(lluvias mil)

Jesús María Villar Pavón

La mar en calma

playa vacía

no hay ni un alma

melancolía.

Me acerco al agua

está muy fría

todo es silencio.

(Ni el viento silba).

Paseo despacio

por la tranquila

playa que ahora

es solo mía.

Pero una nube

de pronto, grita

y llueve a mares.

La mar, la mira

la mar se enfada

voltea sus olas

y las agita.

Me estoy mojando

me voy de prisa

porque hace frío.

¡Adiós playita

tengo que irme

hasta otro día!

¡Qué mala suerte!

sin compañía

queda la playa.

(Yo no quería).

El tejado de mi casa

Jesús María Villar Pavón

Ya es primavera

y las tejas se mueven.

(Los gatos juegan).

No sé en verano

qué es lo que pasa arriba.

(Duermo en el bajo).

Otoño, embrujas,

cubierta enamorada.

(Hay luz de luna).

Lluvias y truenos,

repiquetean las tejas.

(Es el invierno).

¡Qué algarabía

hay siempre en mi tejado!

¡Cuánta alegría!

La tormenta

Celia Gutiérrez

Ocultas al alba
sin dejarla ver,
oscureces el día
y el sol parece desaparecer.

Ruidos astringentes,
temblores impacientes,
todo se puede derrumbar
desolando a la humanidad.

Fogonazos de luz
lanzas desde tu interior,
provocando el miedo
hacia el exterior.

Mueves el fuego,
con tu poder lo puede apagar
arrebatando el calor y la luz
que necesitamos para respirar.

Acaba pronto,

necesitamos avanzar

dejando atrás la oscuridad,

desaparece sin más.

Devuelve la luz

y la alegría al hogar.

¡Márchate!

Has de parar,

devuelve la vida

que nos traerá la paz.

Caricia de verano

Celia Gutiérrez

Tiempo de luz,

tiempo para hacer,

tiempo para descansar

y tiempo para disfrutar.

Horas al día le das

que de la noche las has de quitar.

Nos obligas a despojar

de nuestras prendas para abrigar.

El ánimo nos cambiará
así, sin más.

Aguanta un poco más,
pues tu marcha
la alegría se llevará.

Déjanos disfrutar
solo un poco más.

Vuelve primavera

Esther Prieto Pérez

Vuelve la vida,
nos invaden sin permiso
reteniendo a la brisa
y llegando hasta el abismo.

Su belleza nos paraliza
con un olor embriagador
que nos hipnotiza
y solo nos hacer sentir amor.

Rápido se desarrollarán,

tienen prisa por crecer y florecer,

pues poco tiempo estarán

para que las podamos ver y oler.

Nos invaden sin dolor,

tranquilizando con su olor.

Cumplirán con su función,

fruto de su unión.

Poco tiempo estarán,

pronto desaparecerán.

Siempre se recordará

su olor y belleza

es difícil de olvidar.

¡Qué grandeza!

Semillas

Esther Prieto Pérez

Tu belleza es espectacular
floreciendo en una época
muy peculiar.

Poco tiempo te permitirán vivir,
creciendo sin pudor
hasta conseguir todo tu esplendor,
solo debes resistir.

¡Gracias por tu aroma!

¡Gracias por tu color!

Cumple con tu deber,
tu estación volverá
y te volveremos a ver.

Pronto te marchitarás

y tu belleza desaparecerá

quedando en la memoria de los demás.

Volverás

y otra belleza igual

nos volverás a mostrar.

Un rayo de luz

Rocío Sánchez

Los colores son tu pasión
que todo lo iluminan con ilusión
desprendiendo calor.

La piel se trasforma
y el nuevo color me asombra,
cuando debas marchar
mi luz se apagará.

La piel perderá su color,

la alegría se debilitará,

volveremos a llevar

armaduras que nos protegerán.

Te esperaré,

te veré

y de mi armadura me despojaré.

Una y otra vez

Tomás Movilla

Año tras año
se repite una y otra vez,
igual que antaño.

Hay cosas que no podemos cambiar
porque siempre se repetirán,
sin cesar.

Siempre estuvieron ahí

y siempre estarán,

nada lo va a cambiar.

El frío invierno,

la vida que en primavera llega,

el calor del verano

y la juventud que el otoño nos deniega.

Las estaciones...

no nos abandonarán,

no lo podemos cambiar.

Colección "Soñando Juntos"

Scripta Nostra

Soñando Juntos. "Relatos y Reflexiones".

Soñando Juntos. "Poemas".

Soñando Juntos. "Microrrelatos de Terror".

Soñando Juntos. "Microrrelatos Eróticos".